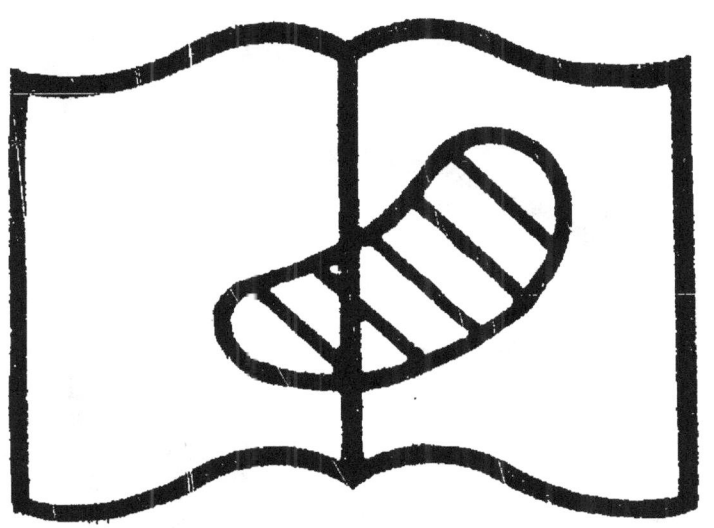

Illisibilité partielle

VALABLE POUR TOUT OU PARTIE DU
DOCUMENT REPRODUIT.

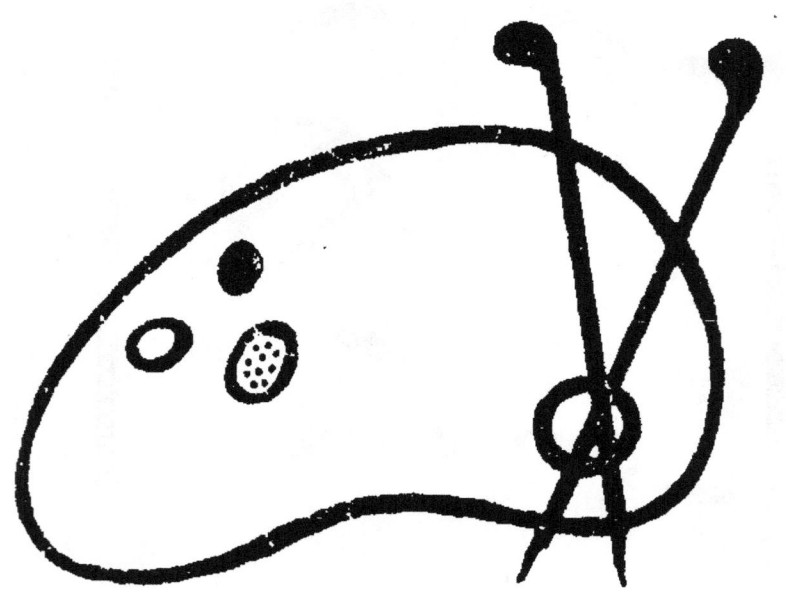

Original en couleur

NF Z 43-120-8

LA MARQUISE
DE FLAMARENS

NOTES RECUEILLIES

PAR

Philippe TAMIZEY DE LARROQUE

AUCH

IMPRIMERIE ET LITHOGRAPHIE G. FOIX, RUE BALGUERIE.

—

1883

*À Madame L. Delisle
respectueux et reconnaissant hommage
Ph. Tamizey de Larroque*

LA MARQUISE DE FLAMARENS

Extrait de la *Revue de Gascogne*.

Tiré à part à 100 exemplaires.

LA MARQUISE
DE FLAMARENS

NOTES RECUEILLIES

PAR

Philippe TAMIZEY de LARROQUE

AUCH

IMPRIMERIE ET LITHOGRAPHIE G. FOIX, RUE BALGUERIE.

1883

LA MARQUISE DE FLAMARENS

Les écrivains du xvıı^e siècle ne nous ont rien dit de Marie-Françoise Le Hardy de la Troussé, femme d'Antoine-Agesilan de Grossolles, chevalier, marquis de Flamarens, baron de Montastruc, seigneur de Buzet, la Barthe, etc. Mme de Sévigné elle-même, qui était la nièce par alliance d'un de ses frères, François Le Hardy, marquis de la Trousse, maréchal des camps et armées du Roi (1), se contente de la nommer en courant (2). Une seule explication peut être donnée du silence que les contemporains ont gardé sur cette femme, qui eut en partage les plus précieuses qualités du cœur et de l'esprit : elle passa presque toute sa vie en province, sur les terres de son mari, et, ensevelie dans la solitude, elle s'y fit complètement oublier de ce brillant Paris qui abandonne si vite ceux qu'il perd de vue. Je voudrais amener un rayon de lumière sur ce front voilé. Je suis doublement attiré vers ce pieux devoir, d'abord parce que la marquise de Flamarens est une gasconne d'adoption, et que je me considère comme son compatriote, ensuite parce qu'elle fut la meilleure amie de Chapelain et qu'à ce titre elle devient encore plus chère à l'éditeur des *Lettres* du célèbre académicien.

Ce sont précisément ces lettres qui nous apprennent à

---

(1) Il avait épousé Henriette de Coulanges, sœur de Marie de Coulanges, cette dernière, mère de Mme de Sévigné. Non-seulement, comme on l'a prétendu dans une note des *Lettres de Mme de Sévigné* (édition des *Grands écrivains de la France*, t. v, p. 310, note 6), les deux marquises n'étaient pas *cousines-germaines*, mais il n'y avait même pas entre elles le plus petit lien de parenté.

(2) Tome vı, p. 284 de l'édition qui vient d'être citée.

connaitre l'admirable mérite de la fille de Sébastien Le Hardi, seigneur de la Trousse, chevalier des ordres du Roi, prévôt ordinaire de son hôtel et grand-prévôt de France. Sans leurs abondantes révélations, on ignorerait à jamais ce que fut cette femme d'une destinée si malheureuse et d'une vertu si éclatante. Comme peu de personnes auraient le courage d'aller chercher ce qui la concerne dans les dix-huit cents pages à deux colonnes des in-4° qui renferment les lettres de Chapelain (1), et de descendre au fond du formidable abîme pour en rapporter quelques perles, je vais réunir ici un certain nombre de citations dont la lecture sera aussi facile que décisive. Devant l'éloquent ensemble de ces hommages, il sera vraiment impossible de ne pas déclarer que, dans la galerie des grandes dames du XVII° siècle, aucune physionomie n'est plus sympathique que celle de la marquise de Flamarens.

La première des lettres de Chapelain à sa jeune amie reproduites dans mon recueil — car j'ai laissé de côté quelques lettres antérieures qui sont de pure civilité (2) — vint la trouver au château de Buzet (3). Dans cette lettre, datée du 14 janvier 1639, un peu plus de deux ans après le ma-

(1) Le tome I a paru en 1880. Le tome II, qui, hélas! sera beaucoup plus gros, paraîtra vers la fin de l'année.

(2) Notamment une lettre adressée à Mlle de la Trousse, alors toute jeune fille (septembre 1632), voir t. I, p. 48. Chapelain y vante déjà la *bonté* de celle qui devait toujours être bonne entre toutes.

(3) Dans la commune actuelle de ce nom, canton de Damazan, arrondissement de Nérac, département de Lot-et-Garonne. Le beau château de Buzet, si pittoresquement situé, et qui par son architecture, comme par son histoire, mériterait tant une étude spéciale, appartenait encore au commencement de la Restauration à un descendant direct de la marquise de Flamarens, mort en 1818 sans enfants. Une de ses nièces, son héritière, épousa le comte Christophe de Beaumont. De ce mariage provint le comte Amblard de Beaumont, qui n'a laissé qu'une fille, mariée avec M. le comte de Noailles, aujourd'hui possesseur du château de Buzet. J'écris ceci sous la dictée de Madame la comtesse Marie de Raymond, qui connaît si bien l'histoire de toutes nos vieilles familles et de tous nos vieux châteaux, et qui communique si complaisamment les trésors d'une érudition qu'elle seule n'apprécie pas assez.

riage, dont fut un des témoins (1) l'ancien « precepteur-gouverneur de MM. de la Trousse, filz du grand-prevost, » comme dit Tallemant des Réaux (2), Chapelain s'exprime ainsi (t. I, p. 362-363) :

Madame, j'ay receu vostre lettre du 22ᵉ de ce mois en un temps où j'estois en une extrême peine de vous et presque désespéré d'en avoir plus de bonnes nouvelles. Car depuis celle que vous nous escrivistes du 1 novembre de l'année passée, nous n'avions eu aucun avis de vous, et, en mon particulier, j'ay plusieurs fois pensé que les sujets fort grands que vous aviés eu de vous affliger par vos pertes redoublées (3), se joignant à vostre mauvaise santé, ne vous eusse réduitte à un estat qui me donne de l'horreur seulement à le penser. Je loue Dieu d'apprendre que le retardement de vos lettres ne provient que du retardement des nostres, et que vostre vertu a esté encore plus forte que vos afflictions. Et je vous avoue qu'encore que j'attendisse cette fermeté d'âme de vous et cette parfaite résignation aux ordres de la Providence, je ne laisse pas de

---

(1) Le contrat de mariage fut signé à Paris, le 28 septembre 1636; il est transcrit dans le registre B 56 des Insinuations aux Archives départementales de Lot-et-Garonne. Jean Chapelain, *secrétaire en la chambre du Roi*, y figure comme ami de la famille. On trouvera ce document à l'*Appendice*. J'en dois la copie à Madame la comtesse de Raymond, dont la générosité me donne si bien le droit de dire qu'un bonheur ne vient jamais seul.

(2) *Historiettes*, 3ᵉ édition, t. III, p. 264.

(3) Mᵐᵉ de Flamarens avait eu la douleur de perdre son frère aîné, le marquis de la Trousse, tué au siège de Saint-Omer, le 8 juillet 1638. Il ne faut pas le confondre avec son frère cadet, également appelé François, qui lui succéda dans le titre de marquis de la Trousse, et qui fut l'heureux époux, déjà nommé, d'Henriette de Coulanges. C'est celui qui, selon Mᵐᵉ de Motteville (*Mémoires*, édition Charpentier, t. II, p. 115), tua avec une si exquise politesse un si grand nombre de gens en duel. C'était un bonheur de mourir de sa main, tant il débitait de douceurs en appliquant « de bons coups d'épée. » Voir sur ce maréchal de camp qui fut tué devant Tortose en 1648, et sur son frère Adrien, chevalier de Malte, qui devint lui aussi maréchal de camp et qui mourut en 1691, une note de M. le duc d'Aumale dans sa remarquable étude sur *la première campagne de Condé*. Rocroy (*Revue des Deux-Mondes* du 15 avril 1883, p. 733). L'illustre historien nous présente (même page) le second frère de Mᵐᵉ de Flamarens à la fois comme « un chef éprouvé » et comme le père « de l'ami de Mᵐᵉ de Sévigné. » Philippe-Auguste Le Hardy, marquis de la Trousse, fut, en effet, le grand *ami* de Mᵐᵉ de Sévigné, mais pourquoi ne pas ajouter qu'il en était aussi le *cousin-germain*? Sur ces questions de cousinage, si l'annotateur des *Lettres* de Mᵐᵉ de Sévigné dit beaucoup trop, en revanche l'éminent historien des princes de Condé ne dit pas assez.

ressentir une consolation extraordinaire de ce que vous estes dans une si bonne assiette, et si j'ay du desplaisir de n'estre pas auprès de vous pour vous ayder à supporter vostre douleur, je ne suis pas au moins dans cette inquiétude de ne savoir comment vous la supportiés. C'est une grâce qu'il plaist à Dieu de vous faire dont il le faut bien remercier afin qu'il vous la continue et que s'il vous esprouve à l'avenir, en d'autres occasions, il vous donne aussy la force de soustenir ses espreuves et vous rendre digne de luy. Je ne doute point que M⁻ vostre mary n'ait contribué de tout son pouvoir à vous adoucir les amertumes qui luy estoient communes avec vous. Et il est vray qu'en ces rencontres malheureuses aucune chose ne m'a plus remis que l'espérance que j'ay eue en luy, je veux dire en la force de son courage et en l'amitié qu'il a pour vous, l'une pour luy faire souffrir avec constance les pertes que vous avés faittes, l'autre pour vous les faire oublier par la satisfaction que vous devés avoir d'estre si bien aymée de luy. Sur quoy je vous diray que pourveu que Dieu vous le conserve (1), il ne vous sçauroit rien arriver d'insupportable, estant vostre principal bien, qui vous peut tenir lieu de tous les autres quand Dieu vous en voudroit priver. J'ay appris par la lettre que Mlle Bouchardière [*dame de compagnie de la marquise*] a escrite à Mme du Fay [*la belle-sœur de la marquise*] vostre grossesse, dont j'ay eu beaucoup de joye, et l'ay considérée comme un bien que Dieu vous envoye pour remplacer la perte que vous avez fait de vostre mignon (2), et tesmoigner le soin particulier qu'il a de vous, dont vous luy devés rendre grâces, selon vostre bonté accoustumée. Je suis tousjours en peine de cette fièvre qui ne vous quitte point... Mme la marquise de Rambouillet, Mlle sa fille, Mme de Clermont, Mlles ses filles, Mlle Paulet, Mme la comtesse de

---

(1) Dieu ne le lui conserva pas longtemps : le marquis de Flamarens fut tué, treize ans plus tard, et jeune encore, à la bataille du faubourg Saint-Antoine, dans les rangs des Frondeurs (2 juillet 1652). On lit dans les *Mémoires de Mlle de Montpensier*, édition de M. Chéruel (t. II, p. 113) : « Le marquis de Flamarin fut tué, dont j'eus beaucoup de déplaisir, étant mon ami particulier depuis le voyage d'Orléans, où il m'avoit suivie et très bien servie. On lui avoit prédit qu'il mourroit la corde au cou, et il l'avoit dit souvent pendant le voyage, s'en moquant et le disant comme une chose ridicule, ne se pouvant persuader qu'il seroit pendu. Comme l'on alla chercher son corps, on le trouva la corde au cou en la même place où, quelques années auparavant, il avoit tué Canillac en duel. »

(2) C'est la pensée qui a été si heureusement développée par le poète des *Contemplations* dans la délicieuse pièce intitulée *le Revenant*.

Maure et Mlle de Bellebat m'ont toutes fort demandé de vos nouvelles...

Il est question encore de la plupart de ces femmes d'élite, dont le nom seul faisait battre plus vite le cœur du plus sensible des philosophes, M. Victor Cousin, qu'un de ses amis surnommait plaisamment l'*amoureux des onze mille... vierges du* xviie *siècle,* il est, dis-je, question de la plupart de ces femmes d'élite dans une lettre du 19 février 1639 (p. 390). Chapelain, après avoir dit à la châtelaine de Buzet que l'on parle bien souvent d'elle à l'hôtel de Rambouillet, ajoute :

> J'ay veu Mme de Clermont, Mlles ses filles et Mlle Paulet, qui se sont tenues fort obligées de l'ordre que vous m'avez donné pour elles. La dernière m'a promis de faire sçavoir à Mme la comtesse de Maure et à Mlle de Bellebat l'estonnement où vous avés esté d'apprendre qu'elles n'avoient point receu vos lettres. Cet été, vous verrés Mlle de Bellebat en Gascoigne, où elle accompagnera son frère aisné, et Mlle Paulet m'a dit qu'entre ses joyes, elle met celle de vous voir (1). J'ay aussy trouvé toutes les lettres que vous avés escrites de deça sensées et civiles, et qui semblent ne vous donner pas de peine, qui est la dernière perfection des lettres (2).

Négligeons une lettre du 25 mars (p. 405), où Chapelain parle à Mme de Flamarens avec une affection vraiment touchante de sa grossesse, lui prodiguant toute sorte de bons conseils, une lettre du 9 juin, où il lui tient, à propos des ménagements dus *au caractère emporté* de Mme de la Trousse, le langage d'un sage et sûr ami; mais reproduisons en partie une lettre de félicitations, du 25 juin, à l'heureuse mère (p. 441) :

> Madame, je loue et bénis Dieu de vostre bonne délivrance et je le loue et bénis au double de ce qu'il luy a pleu vous rendre le fils

---

(1) Mlle Paulet allait souvent en Gascogne chez Mme de Clermont, sa grande amie, et elle mourut dans le château de Clermont-Dessus (arrondissement d'Agen, canton de Puymirol), comme je l'ai rappelé dans la *Revue de Gascogne* (t. xvii, 1876, p. 427).

(2) Quel dommage que l'on n'ait conservé aucune des lettres écrites par Mme de Flamarens soit à ses amies, soit à Chapelain !

qu'il vous avoit osté, sitost après vostre perte, et sans doute, comme je l'apprens, avec tous les signes qui vous peuvent faire espérer de l'eslever. Ce vous doit estre une grande consolation d'avoir eu si promptement un si bon remède à vostre douleur... Il [*le nouvel enfant*] sera l'entretien et l'espérance de toute leur maison [*de la maison du beau-père et de la belle-mère de la marquise*] et, au lieu où il a pleu à Dieu de le faire naistre, vous aurés en eux de bien fidelles secours pour sa bonne nourriture qui est, après vostre affection envers Mr vostre mary, le plus important de vos devoirs. Vous estes si sage et si pleine de vertu que vous n'avés point besoin de préceptes pour vous en acquitter. Aussy ne vous en donne-je aucun autre en cette occasion, sinon de ne le perdre guère de veue, et de luy imprimer par vostre exemple, quand il sera en âge de raison, ce qu'il doit à Dieu, à ceux qui l'ont mis au monde et à soymesme. J'attends depuis long-temps cet accouchement pour voir vostre guérison parfaitte, qu'il semble que l'on ait remise jusques là. C'est à quoy il importe que vous travailliés à bon escient, afin d'estre plus propre à agir dans toutes les rencontres où vous peuvent engager vos affaires et le service de la maison où vous estes entrée, car je ne mets point de différence entre les vostres et les siennes. Surtout durant l'absence de Mr vostre mary, qui n'est pas moins accompagnée de péril que d'honneur, redoublés vos prières pour sa conservation et demandés tous les jours à Dieu au pied de l'autel et devant le sacrifice qu'il rende son courage heureux et qu'il vous le rende couronné de gloire. Si vous n'estiés la modestie et la sagesse mesme, je vous recommanderois d'en tesmoigner plus maintenant que jamais. Mais c'est à d'autres qu'il faut donner de ces avis et non pas à vous qui n'avés à suyvre que vostre beau naturel pour bien faire toutes choses, et qui ne pourriés sans un effort extraordinaire manquer à la moindre de vos obligations.

Le 6 août 1639, Chapelain complimentait (p. 471) la marquise, dont le mari n'avait pas été blessé à la prise de Salses, et il la priait de lui donner des nouvelles de la santé du guerrier, ajoutant :

J'apprendray aussy volontiers l'estat de celle de vostre mignon, et s'il a été baptisé en cérémonie, qui l'a tenu sur les fonds et comment on l'a nommé. Il le faut, tous les jours, offrir à Dieu afin qu'il l'ait en sa garde. C'est son soin paternel qui fera valoir tous les vostres et qui le préservera de tous les accidens à quoy ce jeune ange est sujet. Je veux croyre qu'il est bien aymé dans toute vostre famille et que Monsieur vostre beau-père (1) ne luy veut pas moins de bien qu'au premier. Lorsqu'il sera en aage de connoissance, il le faut de bonne heure ployer au respect qu'il luy doit porter toute sa vie et l'y porter par vostre propre exemple.

Mme de Flamarens transmit sans nul doute avec empressement, à Chapelain, ces détails que les mères aiment tant à donner, car, le 12 août, Chapelain, après avoir plaint la jeune femme de sa longue maladie (2), vante ainsi le nom donné au nouveau né (p. 477) : « Le nom [*François*] est beau et de bon augure. Je prie Dieu qu'il bénisse l'enfant qui le porte et qu'il le fasse ressembler en vertu à ceux qui l'ont mis au monde. » Le judicieux Chapelain ajoute : « Vostre séjour à Montastruc (3) vous rendra encore plus capable de vos affaires. C'est à quoy je vous loue extrêmement de vous attacher. » Le courage que déployait Mme de Flamarens dans cette résidence — ah! si mes lecteurs connaissaient Montastruc! — arrachait des cris d'enthousiasme à la mondaine marquise de Sablé, comme Chapelain nous l'apprend (p. 502) dans une lettre du 28 septembre :

Je vis, il y a quinze jours, Mme la marquise de Sablé qui me demanda de vos nouvelles et me donna occasion de luy faire entendre avec combien de vertu vous vous estiés résolue au voyage de Guienne et avec combien de sagesse et de constance vous persévériés dans le dessein d'y demeurer tant que vostre devoir et le bien de vos affaires vous y obligeront. De l'humeur dont elle est, cela luy passa pour une action héroïque et elle ne se pouvoit lasser de vous admirer. Ensuite je luy dis la substance de la dernière lettre que vous m'avés escritte, qui luy sembla sensée et spirituelle de la bonne sorte, et vous recoustes encore beaucoup de louange de ce costé là...

---

(1) C'était Jean de Grossolles, chevalier, baron de Flamarens et de Montastruc, seigneur de Buzet, etc.; il avait épousé, en décembre 1609, Françoise d'Albret, fille de Henri d'Albret et d'Antoinette de Pons.

(2) Il maudit de nouveau, le 17 avril (p. 487), cette incurable fièvre.

(3) Montastruc, aujourd'hui commune du département de Lot-et-Garonne, arrondissement de Villeneuve-sur-Lot, canton de Montclar.

Le 11 novembre 1639, Chapelain (p. 525) écrit à Madame de Flamarens, de retour à Buzet : « J'apprends avec beaucoup de joye la confirmation du bon traittement que vous recevés de M⁼ vostre beau-père, qui a trop d'honneur et de raison pour en user autrement envers une vertu et une sagesse comme la vostre. De vostre costé ne discontinués jamais de l'honnorer et de le servir et croyés qu'en ces sortes de devoirs on ne pèche jamais par l'excès. » Chapelain parle ensuite à la jeune *exilée* d'une question qui est toujours bien importante pour une femme, la question des portraits. « Je les garderay très volontiers, » dit-il agréablement, « jusques à ce que vous en ordonniés à qui je les bailleray, et je prendray plaisir que l'on en voye trois dans ma chambre pour son plus grand ornement. » La phrase du bon Chapelain ne doit pas être un banal compliment, mais un sincère hommage rendu à la beauté de Mme de Flamarens. D'ailleurs, une femme qui n'aurait pas été belle, aurait-elle demandé une triple reproduction de son image ? Concluons donc de ce passage que sa jeune amie joignait à la beauté de l'âme cette beauté du visage que l'on aime à regarder comme un reflet de la première (1).

Dans une lettre du 18 décembre 1639, nous trouvons (p. 539) ce nouvel éloge de Mme de Flamarens :

Il y a bien long-temps que je sçay que vous estes la plus reconnoissante personne du monde et que, quand on vous rend quelque service, il est tousjours surpayé par vos ressentimens. Je loue cette vertu et vous conseille de la conserver comme la marque d'une âme généreuse et bien née et qui sert autant que pas une autre à gaigner

(1) Chapelain, par son testament, voulut que le portrait de la marquise de Flamarens restât à jamais placé dans sa bibliothèque avec les portraits de la reine de Suède, de la duchesse de Nemours-Longueville, du marquis et de la marquise de la Trousse, de la comtesse de Maure, de Gassendi et avec son propre portrait. J'exprimais tout à l'heure le regret que l'on n'eût pas conservé les exquises lettres de Mme de Flamarens. Pourquoi, demanderai-je avec de non moins vifs regrets, n'a-t-on pas conservé au moins un de ses trois portraits ?

et à garder l'amitié des gens de bien. J'ay une extrême consolation de voir que mes lettres vous divertissent quelquefois, et que vous ne croyés pas mal employer le port qu'elles vous coustent. Les vostres sont tousjours bonnes et sensées à vostre ordinaire. Je ne fais que de recevoir vos dernières du 28 novembre où vous monstrés un si beau souvenir de l'hostel de Rambouillet et de toute la famille de Mme de Clermont. J'y feray visite exprès pour leur en donner la joye et leur monstrer que vous n'y estes pas aymée et estimée sans raison.

Le 28 janvier 1640, Mme de Flamarens étant à Montastruc, Chapelain lui adressa cette lettre qui dut être pour elle, au milieu des boues et des frimas de la campagne, comme un de ces vivifiants rayons de soleil qui déchirent les vilains brouillards d'une matinée d'hiver (p. 562) :

Madame, je ne vous escriray cette fois que pour ne vous envoyer pas sans compagnie la lettre que Mme la comtesse de Maure m'a prié de vous faire tenir. Mais pour ce que peut-estre elle vous y parle de moy, il est bon que vous sachiés qu'elle a désiré que je la visse et, comme elle dit, que nous fissions amitié ensemble. Ce que vous ne doutés point que je n'aye receu avec joye et tenu à grand honneur, n'y ayant guères de personnes à la Cour qui la vaillent et sa vertu estant relevée par un esprit qui n'en voit guères qui lui ressemblent (1). Il est vray que ces raisons n'ont pas été les seules qui m'ont fait accepter les offres de sa bienveillance et qu'estant accablé d'affaires aussy bien que de connoissances, peut-estre n'eussé-je pas esté au devant de ses propositions, si je ne vous eusse considéré là dedans. J'y ai moins regardé mon avantage que le vostre et je m'y suis porté principalement pour ce que j'ay creu que sa familiarité me serviroit à l'entretenir dans la bonne opinion que vous luy avés laissée de vostre vertu et à nourrir l'affection qu'elle a pour vous dont il ne vous peut arriver que du bien et de la consolation.

(1) Eloge à rapprocher du non moins grand éloge que Balzac a fait à diverses reprises de la nièce du maréchal de Marillac (Anne Doni d'Attichy), notamment dans la lettre à Conrart, du 25 septembre 1648 (p. 873 de l'in-fol. de 1665), et à joindre aux témoignages flatteurs réunis autour du nom de cette femme si remarquable, par M. Victor Cousin (*la Société française au XVIIe siècle*), par M. Léon Aubineau (*Notices littéraires sur le XVIIe siècle*, Paris, 1869, in-8°, p. 92-173) et par M. Ed. de Barthélemy (*Madame la comtesse de Maure, sa vie et sa correspondance*, Paris, J. Gay, 1863, in-12).

Et, en effet, la première et seule visite que je lúy ay encore faite s'est presque toute passée à parler de vous et de l'estime qu'elle a tousjours faitte de vous, en sorte que je croy que vous pourés l'aymer et l'honnorer, non seulement comme vostre parente, mais encore comme vostre amie. Elle s'enquit de tout ce qui vous regardoit avec un soin qui me pleut extrêmement et me tesmoigna une joye toute particulière quand je l'asseuray de la grande union en laquelle vous vivés avec Mʳ vostre mary, et du bon traittement que vous recevés de Mʳ et de Mᵐᵉ de Flamarens, du soin que vous prenés de vos affaires, de la fermeté que vous tesmoignez à ne point entreprendre de voyage de deça jusques à ce que vous les ayés mises en bon estat et enfin de la bonne opinion que vous aviés donnée de vous à toute la province. Il lui faut respondre aussy civilement, aussy affectueusement et aussy galamment que vous pourrés, afin qu'elle vous trouve accomplie de toutes choses et qu'elle voye en vous autant d'esprit que de vertu.

Chapelain, s'il faut tout dire, ne fut pas entièrement satisfait de la lettre écrite à la comtesse de Maure. Il reproche, le 31 mars 1640 (p. 593), à Mme de Flamarens d'avoir mis un peu d'obscurité dans cette lettre : « Croyez-moy, lui dit-il, escrivés tousjours comme vous pensés d'abord et comme vous parlés. Je vous connois mieux que vous-mesme et sçay que vous vous pouvés fier en vostre sens naturel. » Moins contrainte avec son ancien maître, Mme de Flamarens lui avait, au contraire, adressé une page qui l'avait charmé et dont il dit : « Elle a cette clarté et cet air libre qui est surtout requis dans les lettres. » Il paraît même que la châtelaine de Montastruc avait accusé avec enjouement Chapelain de moins l'aimer depuis qu'elle était éloignée de lui, car il répond ainsi à cette gracieuse accusation : « Tant que vous serés ce que vous estes, vous serés tousjours la première en mon affection. »

Ce sont presque les lettres d'un directeur de conscience que l'honnête Chapelain adresse à sa jeune amie. Le 21 avril 1640, après avoir vanté la douceur du caractère de son ancienne élève, il croit devoir ajouter que *l'honneur d'une femme ne consiste pas seulement en sa chasteté, mais en sa modestie et en toute autre sorte de bienséance.* L'infatigable mentor engage Mme de Flamarens à continuer à mener une *vie vertueuse et exemplaire.* Autant Chapelain aime à conseiller la vaillante femme, autant il aime à la louer. Sa lettre du 10 août déborde d'enthousiasme : « Madame, je ne fus jamais si touché ni si consolé tout ensemble d'aucune lettre que je l'ay esté de celle que je receus il y a trois jours de vous. J'y ai trouvé mille traits de sagesse, de crainte de Dieu, de bon naturel, de patience, d'intelligence, et en un mot de tout ce que j'ay souhaitté qui fust en vous pour vous rendre accomplie. »

Dix-huit années s'écoulèrent, pendant lesquelles Mme de Flamarens, veuve, comme nous l'avons vu, en 1652, dut continuer à vivre en province, plus malheureuse, mais non moins résignée que jamais. Quand la correspondance de Chapelain, pour nous interrompue, de janvier 1641 à janvier 1659, par la perte d'un volume du recueil qui était encore complet vers le milieu du siècle dernier (1), nous remet en présence de la marquise, c'est à Buzet que nous la retrouvons (18 juillet 1660). L'ami toujours fidèle lui donne (tome II, p. 90) les meilleurs et les plus affectueux conseils au sujet de ses enfants, dont l'aîné a été envoyé au maréchal d'Albret. Mme de Flamarens voulait marier son fils. Chapelain oppose à ce projet de sages observations : « Mais que ces bons mariages sont rares et qu'il faut de bonheur et d'industrie pour les faire réussir ! Où sont les filles qui se veulent bien confiner comme vous dans une province, dont elles n'entendent ni la langue, ni les mœurs ?... »

C'est encore des enfants de Mme de Flamarens qu'il s'agit dans cette lettre du 8 mai 1661 (p. 133-135) :

Madame, je reçois beaucoup de consolation de celle que vous a

---

(1) Voir l'*Avertissement* placé en tête de mon premier volume, p. XI-XII.

donnée Mlle vostre fille (1) dans le voyage de piété que vous avés fait à Agen (2), mais je ne me suis pas estonné de cette consolation qu'elle vous apporte puisqu'elle est vostre fille et qu'elle a esté nourrie sous vostre aile et de vostre main. Vous ne me mandés rien de vostre soldat des isles (3) ni comment il s'accommode de ce genre de vie auquel il sembloit si peu né. Il vous faut compenser les dégousts qui vous viennent de ce costé là par la satisfaction que vous avés des autres et souffrir chrestiennement les mortifications que Dieu permet qui vous arrivent d'ailleurs. Messieurs vos fils, qui sont en cette cour (4), ne font point de bruit qui leur nuise, et je veux espérer qu'ils en feront un jour d'assés grand pour leur estre utile. Je les voy quelquesfois et ils me paraissent n'estre pas choqués de ce que je leur dis pour leur bien.

(1) Ni le P. Anselme, ni les rédacteurs du *Dictionnaire de Moréri* (1759), ni La Chesnaye des Bois, n'ont mentionné, dans leur généalogie de la maison de Grossolles, la fille de la marquise de Flamarens. Peut-être mourut-elle bien jeune encore et a-t-elle ainsi été oubliée par tous les généalogistes. Une lettre postérieure nous apprend (p. 219) qu'elle songeait à embrasser la vie religieuse, ce qu'approuve fort Chapelain.

(2) Le but de ce *voyage de piété* était-il Agen même, où de belles églises méritaient bien la visite des dames de Flamarens (la cathédrale Saint-Etienne, les églises Saint-Caprais, Saint-Hilaire, l'église des Jacobins, etc.) ? Ne s'agissait-il pas plutôt d'un pèlerinage à Notre-Dame de Bon-Encontre, à 5 kilomètres de la ville d'Agen ?

(3) Ce *soldat des isles* fit par sa mauvaise tête le malheur de sa famille et son propre malheur. Il s'appelait François et portait le titre de marquis de Flamarens. Il mourut sans alliance, avant octobre 1682, à Burgos, ayant été obligé de sortir de France à la suite d'un combat singulier. On a, dans le *Moréri*, donné à la mort du marquis de Flamarens la date 1706. C'est une erreur démentie par un acte conservé dans le registre des insinuations B. 93 des archives départementales de Lot-et-Garonne, acte du 27 octobre 1682, qui est un accord par lequel François Agesilan de Grossolles, comte de Flamarens, abandonne à sa mère tous ses droits dans les successions de son père, de François-Appollo de Grossolles, son frère aîné, et de sa mère elle-même, moyennant une somme de 60,000 livres qu'il destine à acheter la charge de premier maître d'hôtel de Monsieur, frère du Roy, à la maison duquel il était déjà attaché.

(4) Ces deux fils étaient le comte et le chevalier de Flamarens. Le premier, nous venons de le voir, s'appelait François-Agesilan de Grossolles et fut premier maître d'hôtel de Philippe, duc d'Orléans, frère de Louis XIV; il mourut à Paris le 9 février 1710. Mme de Sévigné, qui n'était tante de MM. de Flamarens que s'il est vrai que les parents de nos parents sont aussi nos parents, parle une fois de François-Agesilan, à l'occasion de sa disgrâce auprès de Monsieur (t. VII, p. 353) et plusieurs fois du chevalier (Jean de Grossolles), avec lequel elle passa une grande partie de son temps à Vichy en 1677 (t. V, pp. 310, 312, 314, 323, 327, 330, 336).

Dans presque toutes les lettres qui suivent, il est question des fils de Mme de Flamarens et presque toujours au sujet de quelque mauvaise nouvelle. Le 21 janvier 1662, Chapelain annonce (p. 194) à la pauvre mère le duel où son fils aîné a été blessé et à la suite duquel il a dû s'enfuir pour éviter la colère du roi (p. 194). « Ce qu'il y a à faire de vostre part, » lui dit-il, « c'est de recevoir cette rude touche avec une constance chrestienne et la soustenir sans abattement afin d'estre en estat d'agir dans cette grande occasion comme vostre qualité de mère et vostre vertu le requièrent, dont vous avés à rendre compte au public aussi bien qu'à vostre bon cœur. »

De nouveaux ennuis viennent bientôt (2 avril 1662) accabler Mme de Flamarens. Elle eut à soutenir, elle dont le cœur était déjà si endolori, deux luttes bien pénibles, une contre son fils aîné, qui voulait faire un mariage indigne de sa condition, l'autre contre la mère de son mari, qui paraît avoir été la plus détestable des belles-mères. Laissons la parole à Chapelain (p. 218) :

Madame, Dieu continue à vous exercer sans doute et très rudement, mais il ne vous laisse pas la liberté d'en murmurer, estant le maistre et n'y ayant jamais rien d'injuste en ses volontés. C'est la voye du ciel qu'il vous oblige de suyvre, pénible et espineuse dans son estendue, mais douce et heureuse dans sa fin. Fortifiez-vous de cette espérance et vous servés pour cela de cette vigueur d'esprit dont il vous a pourveu dès votre naissance et qui vous a fait sortir jusqu'icy de tant de mauvais pas. Si vous vous soumettés à ses ordres, il vous en fournira une nouvelle et vous aidera à vous tirer encore de ceux cy. Monsieur vostre fils en use sans doute mal de considérer si peu son devoir et votre satisfaction dans cet engagement qui vous donne tant d'inquiétudes. Mais il est jeune et ce seroit une espèce de miracle si, dans le bouillon de l'âge et au milieu de tant d'objets séduisans (1), il s'en défendoit comme il devroit

---

(1) Chapelain rend ici un galant hommage à la beauté des Espagnoles. Le fils aîné de la marquise de Flamarens avait été obligé, pour éviter la rigueur des lois contre le duel, de franchir les Pyrénées. On voit qu'il n'avait pas tardé à subir le charme dont parle Chapelain.

faire. Priés Dieu qu'il lui dessille les yeux et le guérisse de sa faiblesse (1). Quant aux nouveaux troubles que vous fait Mme vostre belle-mère, vous vous y estes deu attendre de l'humeur dont vous la connoissez...

Chapelain adoucit de son mieux, le 20 avril 1662, le coup qu'il porte à Madame de Flamarens (p. 222), en lui apprenant que les biens de son fils aîné vont être confisqués au profit de l'Hôpital général en vertu de la loi contre les duellistes :

Mon inquiétude présente est que la grandeur de vos maux ne vous décourage et ne vous rende moins capable d'y résister. Cependant c'est aux grandes occasions qu'il se faut roidir et qu'on doit recueillir tout ce que l'on a de force et, pour s'en servir avec succès, implorer la grâce de Dieu qui n'abandonne jamais entièrement ceux qui l'ayment et le craignent comme vous faites. Vous ne sçauriez vous relascher sans empirer vostre condition et nuire à toute vostre maison qui ne porte que sur vous et à qui le Ciel et la Nature en ont remis la conduite. La vie nous est donnée à cette condition d'estre rudement exercée aux uns d'une sorte, aux autres d'une autre, pour nous rendre par ces travaux dignes de la récompense dernière qui ne nous est préparée que là-haut. C'est le chemin que les saints ont tenu et ce grand nombre de vertueux infortunés à qui leurs malheurs et leurs souffrances ont tenu lieu de martyre. Après le trouble viendra le sérénité et le repos après la peine. Je compatis à la vostre plus que je ne vous le puis exprimer et je ne vous en dis rien davantage de peur de vous la faire sentir plus vive et plus amère. Plust à Dieu que ce que j'en porte vous en pust soulager au moins en partie !

Une fatalité, une fatalité implacable, semble poursuivre Mme de Flamarens. C'est maintenant son troisième fils, le chevalier, qui reçoit, à son tour, une blessure et qui excite les alarmes de la plus malheureuse des mères. Reprenant le

(1) Le correspondant si dévoué de Mme de Flamarens n'eut pas tort de lui faire espérer que cette faiblesse ne durerait pas. Non-seulement les généalogistes n'indiquent point le mariage en Espagne du marquis de Flamarens, mais les documents officiels conservés aux archives départementales de Lot-et-Garonne, et déjà cités, nous apprennent qu'il mourut *sans alliance*.

mot final de la précédente lettre, le mot du cœur, Chapelain dit (25 juin 1662) à son amie (p. 238) : « En portant une partie de vostre fardeau, il me semble que je vous en soulage. »

Nous franchissons quelques années et la situation ne s'améliore pas. Le marquis de Flamarens est toujours exilé et, comme il cherche un refuge en Angleterre, ce refuge même semble devoir lui être enlevé. Ses deux frères mécontentent à l'envi leur parent et protecteur, le maréchal d'Albret. Chapelain, le 26 décembre 1665, écrit ces lignes mélancoliques à l'immuable châtelaine de Buzet (p. 429) :

Je suis bientost à la fin de mon entreprise — [le poème de la *Pucelle, puisqu'il faut l'appeler par son nom!*] — après quoy je n'auray plus que faire au monde. Il n'en est pas ainsi de vous qui avés une grande famille à soustenir soit pour la défendre contre ses ennemis, soit pour pourvoir à sa subsistance, et si vous veniez à luy manquer, elle tomberoit sans jamais pouvoir s'en relever. Je ne prie aussi le ciel que pour vostre conservation qui luy est si nécessaire; car pour moy quand je ne seray plus on ne s'apercevra pas de mon absence, et je ne seray pas mort tout à fait estant assuré de vivre tousjours en vostre souvenir.

Bientôt la maladie ajoute ses tortures aux tortures morales dont Madame de Flamarens était victime depuis si longtemps. Chapelain, le 31 juillet 1666, cherche encore à mettre un peu de baume (p. 468) sur cette nouvelle plaie :

J'ay appris que vous estes attaquée d'une fluxion dangereuse qui vous oblige de faire le voyage d'Encausse (1) pour y chercher votre guérison. Je ne vous puis dire le fascheux effet que cette nouvelle a fait en moy. Enfin, Madame, il ne restoit plus que cette espreuve à vostre vertu à essuyer pour estre pleinement assurée de vostre prédestination et d'avoir une heureuse place dans le ciel, après en avoir eu une si malheureuse sur la terre. C'est le seul motif que

---

(1) Commune du canton d'Aspet, arrondissement de Saint-Gaudens (Haute-Garonne). On se souvient des charmantes pages du *Voyage de Chapelle et de Bachaumont* sur Encausse (édition Jannet, 1854, p. 63-71).

vous pouvés avoir de consolation au milieu de tant de différentes peines. Prenés plaisir dans vos traverses à donner au siècle un grand exemple de résignation aux volontés de Dieu.

La pensée de Dieu revient sans cesse dans les exhortations qu'adresse Chapelain à Madame de Flamarens, et le 7 novembre 1666, lui parlant de la mort de M. de Verthamon, conseiller d'Etat, parent de la marquise, après avoir déploré « la cheute d'une si forte colonne, » il ajoute (p. 490) : « Plus Dieu vous oste d'appuis, plus il vous faut resoudre à n'en chercher qu'en lui. »

Chapelain ayant perdu une de ses sœurs, Mme de Flamarens lui envoya ses plus douces condoléances. Chapelain l'en remercie, le 5 mai 1669 (1), en ces termes (p. 643) :

Je sens comme je dois la part que vous prenés à la perte que j'ay faitte, et la sage et tendre manière que vous employés pour m'en consoler. Mais cette bonté ne me surprend pas après tant d'autres que vous m'avés tesmoignées depuis tant de temps par une perseverance qui a si peu d'exemples non seulement en vostre sexe, mais encore en celuy qui se vante le plus de fermeté. Ma pauvre sœur est très heureuse d'estre arrivée au port de salut. L'ordre vouloit que je partisse le premier, mais Dieu ne m'a pas voulu prendre afin de me donner temps de le mériter en me rendant assez bon pour mériter cette grâce. Ce sera quand il luy plaira et j'y suis tout disposé, n'ayant presque plus d'attache au monde que vous. J'auray une satisfaction extrême de vous voir si vous faites le voyage que vous méditez pour remédier aux mauvaises affaires qui exercent si durement une vie aussi innocente que la vostre.

On ne retrouve plus une seule fois, à partir de ce moment, le nom de la marquise de Flamarens dans la correspondance de Chapelain. Comment expliquer cette brusque et totale disparition d'un nom qui fut le plus aimé de tous ceux qui brillent dans les pages du fécond *épistolier* ? On n'oserait penser à une période d'indifférence, à une période glaciale

---

(1) Cette lettre est adressée à *Madame la marquise de Flamarens, à Flamarens* (aujourd'hui commune de l'arrondissement de Lectoure, canton de Miradoux).

succédant à de longues années de cordiale intimité. Ce serait une explication désolante et, Dieu merci ! par trop invraisemblable. La marquise vint-elle à Paris peu de jours après avoir reçu la lettre du 5 mai 1669 et y séjourna-t-elle jusqu'à la mort de son ami (22 février 1774)? Mais quel interminable séjour ce serait là pour une femme — la femme forte de l'Ecriture ! — qui n'avait pas quitté, pendant plus d'un quart de siècle, les terres que son dévouement avait si bien su conserver, améliorer, féconder ! Cinq ans à Paris ! ce serait une conjecture presque aussi inadmissible que la première. Madame de Flamarens serait-elle morte avant Chapelain, et peu de temps après avoir reçu la lettre du 5 mai (1)? Mais Chapelain aurait écrit aux fils de son amie ! mais il aurait entretenu d'une perte aussi douloureuse quelques-uns au moins de ses correspondants, et l'écho de ses regrets aurait retenti dans plusieurs de ses lettres ! Il y a là un problème qui ne peut être résolu présentement. Ce qui pour moi reste bien sûr, c'est que la marquise de Flamarens se montra fidèle jusqu'à son dernier moment à une amitié qui avait été une des rares douceurs de sa triste vie.

(1) Je supplie tous les bons chercheurs sous les yeux de qui tomberont ces lignes de m'aider à retrouver la date du décès de la marquise de Flamarens.

APPENDICE

I

Mariage entre le seigneur de Grossolles et damoiselle Françoise le Hardy de la Trousse (1).

Pardevant les notaires gardes nottes du Roy Nostre Sire en son Chastellet de Paris soubz signés furent presents de leurs personnes haut et puissant seigneur messire Jean de Grossolles chevalier seigneur de Flamarens, baron de Montastruc, Buzet, La Barthe et autres places, demeurant en son chasteau du dit Buzet en la seneschaussée d'Albret, estant de presant en ceste ville de Paris, logé rue de l'Arbre Secq parroisse Saint-Germain de l'Auxerrois au nom et comme stippullant en ceste partie pour messire Agesilan Anthoine de Grossolles, aussi chevalier, marquis du dit Flamarens, fils ayné de luy et de noble dame Françoise d'Albret, sa femme et espouze, le dit sieur marquis fils à ce presant de son voulloir et consentement d'une part — Et noble homme François Berthet, bourgeois de Paris y demeurant, rue de Beaubourg parroisse Saint-Medericq au nom et comme tutteur et stippulant en autre partie pour damoiselle Françoise Le Hardy de la Trousse filhe et heritiere en partie de feu haut et puissant seigneur messire Sebastien Le Hardy vivant aussy chevalier de l'ordre du roy, seigneur de la Trousse, conseiller du roy en ses conseils d'Estat et privé, prevost ordinaire de son hostel et grand prevost de France, et dame Louise Hennequin jadis sa femme en secondes nopces, les pere et mere de la dicte damoyselle de la Trousse, aussy à ce presant de son voulloir et consentement d'autre part. Lesquelles parties vollontairement recognoissent et confessent, en presance, par ladvis et conseil de leurs parens et amis

(1) Archives départementales de Lot-et-Garonne B 56. F° 429.

ci appres nommés sçavoir la part du dict sieur marquis de Flamarens de messire Apollon de Grossolles baron de Montastruc frere dud., de messire Renaud de Pons chevalier seigneur et marquis de la Caze, et de la part de la damoyselle de la Trousse de messire François de Verthamon, conseiller du Roi en ses conseils et maistre des requestes ordinaires de son hostel, frere uterin à cause de dame Marie Boucher sa femme; de dame Henriette de Collanges femme et espouse de messire François Le Hardy chevalier, seigneur de la Trousse, conseiller du Roy en ses conseils d'Etat, cappitaine d'une compagnie de chevaux legers pour le service de Sa Majesté, fraire aisné de la dicte damoiselle du cousté paternel, fondé de procuration dudit seigneur; de dame Marie Barthelemy, femme et espouse de messire François Le Hardy chevalier, seigneur du Fay, aussy fraire de la dicte demoiselle, dudit cousté paternel, pareillement fondé de procuration du dict seigneur son mary; de messire François Conolin, seigneur de Bruxelles, conseiller du Roy en ses conseils et maistre des requestes ordinaires de son hostel, cousin du cousté maternel; et messire Achilles Conolin, conseiller du Roy en ses conseils et maistre des requestes ordinaire de son hostel, cousin du dit cousté maternel; de monsieur maistre Dreux Hannequin, abbé et seigneur de Bernay, conseiller du Roy en sa cour de parlement, cousin du costé maternel; de messire Charles Le Clerc, chevalier, seigneur du Tremblay, conseiller du Roy en ses conseils d'Estat et gouverneur pour Sa Majesté du chasteau de la Bastille; de M. Jean Chappellain, secretaire en la chambre du roy, amys.

(Suivent les conventions.)

Faict et passé en l'hostel dudit seigneur de la Trousse sis place Royale paroisse Saint-Paul l'an mil six cent trante six le vingt huictiesme jour de septembre appres midy et ont signé à la minute.

(Insinué à Agen, 24 décembre 1636.)

II

Sur la date de la mort de la marquise de Flamarens.

Au dernier moment, je reçois de M. Adolphe Regnier (de l'Institut), le très savant directeur de la collection des *Grands écrivains de la France*, une fort aimable et fort intéressante lettre, dont je citerai quelques lignes, qui complètent sur un point important les notes que l'on vient de lire :

« Je regrette bien que votre confiance en notre commentaire de Sévigné ait fait passer dans votre..... (1) édition des Lettres de Chalain cette erreur qui m'étonne. Il y en avait une plus étrange encore dans la première édition Monmerqué; elle faisait de la marquise de Flamarens *l'aïeule !* du marquis de la Trousse, des Gendarmes-Dauphin, qui était son neveu. Je ne m'explique pas qu'en corrigeant cette erreur, nous en ayons fait une autre. Je suis fort aise qu'en expiation de notre faute nous puissions vous donner la date que vous désirez. On conserve au Cabinet des titres (dossier des Grossoles) ce fragment de note : *Marquis de Flamarens... marié avec Françoise Le Hardy de la Trousse, morte veuve à Paris, âgée de 85 ans*, le 9 février 1703. »

Ainsi, la marquise de Flamarens naquit en 1618, 23 ans après la venue au monde de Chapelain; elle avait quinze ans quand elle reçut, en 1633, la première des lettres qu'il devait lui écrire, et dix-huit ans, quand elle se maria; elle survécut plus d'un demi-siècle à son mari et près de trente ans à Chapelain (2).

(1) Ici une épithète laudative dictée par une excessive courtoisie.
(2) Cette longévité me fait craindre que la marquise de Flamarens ait vécu assez longtemps pour être témoin (ô suprême douleur !) de la honteuse alliance de son petit-neveu Paul-François Le Hardy, marquis de la Trousse, chevalier des ordres militaires de Saint-Louis et de Saint-Lazare, avec Marthe Thenois, née le 5 juillet 1664, ancienne servante dont la vie fut plus impure encore que l'origine. Voir, à la Bibliothèque nationale, dans les Mélanges de Clairambault (volume 1167, f° 11), une requête imprimée, adressée au lieutenant criminel par le marquis de la Trousse, qui reproche à sa femme la bassesse de son extraction, le libertinage de sa conduite, la sévérité des peines judiciaires auxquelles elle a été plusieurs fois condamnée. L'époux si cruellement outragé rappelle qu'il est sorti d'une famille illustre et qu'il croit n'avoir jamais dégénéré de la vertu de ses ancêtres. Ce triste document, de 14 pages in-f°, où abondent les plus scandaleux détails, est daté du 3 décembre 1727.

Grâce à la précieuse communication de M. Ad. Regnier, nous savons maintenant tout ce que nous désirions le plus savoir sur la châtelaine de Buzet, et il ne me reste qu'à présenter à l'éminent érudit, pour mes lecteurs et pour moi, les plus chaleureux remercîments.

www.ingramcontent.com/pod-product-compliance
Lightning Source LLC
Chambersburg PA
CBHW060629050426
42451CB00012B/2492